文史哲詩叢

心橋足音

汪洋萍著

文史哲出版社印行

國家圖書館出版品預行編目資料

心橋足音 / 汪洋萍著. -- 初版. -- 臺北市：文史哲, 民 90
面： 公分. -- (文史哲詩叢 ；42)
ISBN 957-549-371-0(平裝)

851.486 90011171

文史哲詩叢

心橋足音

著 者：汪 洋 萍
出版者：文 史 哲 出 版 社
登記證字號：行政院新聞局版臺業字五三三七號
發行人：彭 正 雄
發行所：文 史 哲 出 版 社
印刷者：文 史 哲 出 版 社
臺北市羅斯福路一段七十二巷四號
郵政劃撥帳號：一六一八〇一七五
電話 886-2-23511028・傳真 886-2-23965656
實價新臺幣二六〇元
中 華 民 國 九 十 年 七 月 初 版

ISBN 957-549-371-0

自序

我歷任軍、公、教職四十餘年，屆齡退休，遷居臺北縣鶯歌鎮，環境清幽，陶藝業發達，有臺灣景德鎮之稱。距我家三百多公尺的「林長壽紀念圖書館」，有全國各大報及著明期刊百餘種，藏書豐富，是我休閒閱讀的好去處。子女各自立業成家。老伴年輕我十多歲，有份勞動健身的工作，早出晚歸。我過著安適自在的生活。

雖然沒有職務在身，沒有家庭負擔，我總覺得，自己支領國家退休俸，有一份國民應負的責任與義務，不能虛度歲月。我身體尙健，一面自修習作，一面參加文藝及社團活動，以增長見聞。九年來出版了五本詩文集，是我心靈的吶喊，步履的足音。

兩年前，我又將近期在詩刊、報章雜誌發表過及未曾發表的詩文作品加以整理，原擬出版一本詩文合集，卻因故一再延宕，作品愈積愈多，曾改編爲詩集與文集兩本，隨即又獲浪波先生惠賜《文譚百題》詩文評論集，我邊讀邊寫心得。我讀完那百篇精美短文，也寫了百篇讀後感。於是，我編爲《心橋足音》詩集、《鄉居散記》及《友情交響》文集，三本書同時出版。用同一〈自序〉，向讀者諸君傾吐我的心聲。我寫詩爲文，是陳述我的眞情實感，不是虛擬故事。我生長在貧苦家庭，少年失學，從事勞苦工作，生活艱困，又久經戰亂，看盡人間悲劇。我在生命旅程中體驗人生，觀察社會現象；從自修閱讀中探索歷史的演進，及宇宙的奧秘。

我的詩文是眼見世界人類，在加速奔向未來的途程中，險象環生，觸景生情的思維片段。是寫給社會大衆看的，希望與讀者作心靈溝通，獲得認同，以促使沉迷虛幻夢境者，回到現實人生，發揮智慧，付出心力，共同創造更美好的生活環境，及美好的人類世界。

我的這些詩文裡，沒有驚人之語，迷人之言及虛幻浪漫的情境，抒情敘事，直陳心意。審度當前的社會文化及文壇風氣，恐難獲不食人間煙火的詩文名家青睞；又趕不上潮流，不合新新人類的口味。僅管如此，我仍鼓足勇氣，將之結集問世，聊盡我的本分，以求心安。我也信心滿滿地認爲，在這廣大的社會裡，不乏我的知音，一旦相遇，即可引起共鳴。在黃昏晚景稍縱即失的時刻，我肆無忌憚，將心思盡情傾吐，尋求知音！

當下詩文創作，流行突破與創新，求新求變之風銳不可當，詩壇尤甚。爲了獨領風騷，各出奇招，相互較勁，以爭取桂冠榮銜，或爲譁衆取寵，以博時譽。有些名詩人，將這一連串的競技過程，稱之爲「玩詩」。其實，詩與文都不是玩的；而是表情達意尋求共識的媒介，溝通人際關係的橋樑，調和人際關係的潤滑劑，紀錄歷史流程的眞象，以促進社會文明進步，達到和平安樂的理想。

回顧人類的生存發展史，詩與文均未發揮其應有的功能。詩文未收到精神食糧的最大效益，是詩人作家未盡到做人類靈魂工程師的職責。舞文弄墨者，玩詩文自娛以愚人，今甚於昔。如有權勢者，玩世自欺欺人：神權時代玩神權，君權時代玩君權，民權時代玩民權，資本主義玩財富，共產主義玩魔術。玩得遍地血腥，人性泯滅，危機四伏。有些詩人作家，被那些玩家，玩於掌股間，拿筆桿當槍桿，爲當權者衝鋒陷陣，最後成了獨裁者的刀下冤魂。

人類從上古的洪荒原野，邁入文明世界的科技時代，不是玩出來的，而是務本求實的歷代祖先，竭盡智能創造出來，擇善固執世代傳承，一步步走出來的！以往那些玩家的浮光掠影，已煙消雲散了無痕跡。當今的玩家，在玩詩文，玩權術，玩科技，玩鬼神，玩得走火入魔，玩出一片亂象、險象，使芸芸衆生人心惶惶，憂心忡忡，已有億萬無辜蒼生死於玩家魔掌。

幸存者，能走出詭譎多變，險象環生的二十世紀時光隧道，即將邁進一個新的世紀，人們都滿懷希望。我寫詩爲文，不求新奇搞怪，媚俗取寵，但求對事物的認知成長與成熟，以利經營人生，美化社會，增進大衆的共同福祉。我眞心誠意地盼望，我們同舟一命的地球村民，能冷靜思考，發揮大智慧，妥善運用地球及太空蘊藏的資源，以相愛互助，節約惜福，共同締造美好的新願景。切盼我們的詩文名家和文藝工作者，善盡自己的職責，做群衆的嚮導，引領人類，邁向和平安樂的大同世界；切莫貪玩，以免玩火自焚，玩出世界末日。自知我的末日已近，但願人類世界，一天比一天光明燦爛，直到永遠！

二〇〇〇年十二月二十五日於臺北縣鶯歌自宅

心橋足音　目錄

自序……一
卷一　古體新詩十四行（二十首）
前言……一五
1. 政治……一七
2. 經濟……一八
3. 軍事……一九
4. 外交……二〇
5. 教育……二一
6. 文化……二二
7. 社會……二三
8. 自然……二四
9. 倫理……二五
10. 道德……二六

11. 命運……二七
12. 生死……二八
13. 苦樂……二九
14. 天道……三〇
15. 人道……三一
16. 理想……三二
17. 幻想……三三
18. 妄想……三四
19. 自省……三五
20. 展望……三六

卷二 感世抒懷

千禧龍年願景……三七
解惑……四五
人行道上……四七
網！網！網！……五〇
變！變！變！……五二
追！追！追！……五四

大地在哭泣……五六
煙囪……五九
古人的足跡……六一
今人的形象……六三
瞭望廿一世紀……六五
我心頭的陰影……六七
我想變一隻麻雀……六九
回顧與前瞻……七一
美國又踏出錯誤的一步……七三
警訊……七五
環保歌……七七
九二一大地震……七九
震災之後……八三
景仰 國父……八五
蒼生無奈……八七
千禧熱……八九
籠裡籠外……九一

因爲・所以……九三
身在福中……九四
知也無涯……九五
我的白開水……九七
做我自己……九九
一位博士教授詩人的迷惘……一〇一
認識自我……一〇二

卷二 相契偕遊

怪坡……一〇九
本溪水洞……一一一
北韓掃描……一一三
外蒙古大草原……一一七
內蒙古詩之旅……一一九
中横憶往……一二三
詩與人生之旅……一二四
尋石賞石之旅……一二六
劉再興先生藝壺展……一二八

一、美的舵手……一二八
二、親善大使……一二九
心事……一三〇
情……一三三
緣……一三四
玫瑰仙子……一三六
人生方向的標竿……一三八
失智老人……一四〇

卷四 三月詩情

前言……一四五
醉的三部曲……一四六
夏草……一四八
美人圖……一四九
飛禽之愛（三首）……一五一
一、烏鴉……一五一
二、喜鵲……一五二
三、燕子……一五二

財經話題……一五四
素描三幅……一五六
一、似人非人……一五六
二、慈濟人……一五七
三、政客形象……一五八
夢中懷古……一五九
蛙之頌……一六一
螢火蟲……一六三
夢遊仙境……一六五
何首烏的夢……一六七
微笑……一六九
千禧願景……一七〇
心燈……一七二
錢的獨白……一七四
寒冬送暖……一七六
跨世紀的省思……一七八
告別二十世紀……一八〇

井說……一八二
心橋……一八四
無題……一八六
元的自述……一八八
寒冬……一九〇
淚……一九一

卷五 小詩薈萃

心靈感應……一九五
寫詩流程……一九六
網路資訊……一九七
泥土之愛……一九八
眞情流露……一九九
珍惜情緣……二〇〇
取捨在我……二〇一
心靈之美……二〇二
人生之旅……二〇三
耕耘之樂……二〇四

苦酒滿杯……二〇五
人生苦短……二〇六
趨福避禍……二〇七
播種與收穫……二〇八
詩人自省……二〇九
綠化心靈……二一〇
詩情……二一一
搞怪風……二一二
瘋狗浪……二一三
民主潮……二一四
詩品出於人品……古遠清……二一五
後記……二三一

卷一　古體新詩十四行（二十首）

前言

十多年前，我曾以口語化，寫了二十幾首五言、七言傳統詩，暢抒所懷，自己還覺得滿意，就收進我的第二本詩集《心聲集》裡。

近年來，世界論壇報「世界詩葉」主編劉菲先生，提倡「古體新詩」，獲得海峽兩岸詩人熱烈回響，刊出不少佳作。我讀後發覺與我以前寫的口語化傳統詩格調近似，喜獲知音，也啓發了我寫古體新詩的興趣。

人老不服老感懷特別多，心中蘊蓄著我的宇宙觀、世界觀、人生觀等二十個主題，想以古體新詩七律的句式暢所欲言。幾經嘗試未如所願，因爲五十六個字，實在無法闡明我的心意。於是想到莎士比亞十四行詩，就以七言與莎士比亞十四行相結合，寫成〈古體新詩十四行〉二十首。先寄五首給劉菲先生請指教，很快就刊出，並來電話給我指正與鼓勵，使我喜出望外。這是我的大膽嘗試，也遂我所願，故收列《心橋足音》詩集之首。並附錄九十年文化總會「新春文薈」留言卡「我的留言」。

文化總會九十年新春文薈留言卡

我的留言

作家被譽為「人類靈魂的工程師」，文藝作品被視為「人類的精神食糧」。綜觀當下全世界的人文景象，很顯然的在告訴我們：有眾多的人類靈魂工程師，患了精神分裂症；有不少精神食糧，含有損害心理健康的毒素，導致人文錯亂——物慾上升，精神沉淪，呈現暴力傾向，迷信鬼神，以幻想、妄想當作理想，使到處一片亂象。

我們詩壇、文壇、藝壇的成員，追逐名利者多，引導社會大眾奮發向上向善者少，我們社會的人文生態，令人怵目驚心，前景使人憂慮！想必執政當局，已明察秋毫。切盼及時愼謀良策，撥亂反正，開創新局。使我們的國家，欣欣向榮，長治久安，國民同享福樂。謹呈新春願景，言未盡意，謹附拙作〈古體新詩十四行〉二十首，恭請鑒察。（我很榮幸受邀請參加新春文薈，並在留言卡傾吐心聲。）

1. 政治

為政典範稱堯舜
禪讓治國為愛民
世襲帝位家天下
明君賢臣樂太平
無道昏君施暴政
奸臣貪官欺百姓
民本思想啓民智
民主政治氣象新
賢能之士為公僕
一切施政為利民
良策推行漸變質
官員民代跨黑金
歹徒横行民驚恐
政治清明待何時

2. 經濟

經世濟民是善政
藏富於民固國本
國民均富必強盛
貧富不均是亂源
科技進步日千里
縮地已成地球村
全球掀起搶錢熱
資訊網路佔先機
經濟命脈富者握
貧病飢寒與日增
奢侈浪費人性墮
自然生態被摧殘
勤儉自救不容緩
相互濟助樂繁榮

3. 軍事

國家大事祀與戎
保國衛民在強兵
自古征戰無休止
勝敗興亡中外同
戰略戰術求精進
武器裝備日日新
洲際飛彈襲千里
毀物傷人不及防
按紐宣戰決勝負
勝敗皆輸無贏家
輻射污染看不見
子孫後代遭禍殃
棄戰求和相互助
共生共榮樂無窮

4.外交

協和萬邦靠外交
輸誠納諫免爭端
相助互補民安樂
邦誼永固享太平
中外古今看歷史
征戰連年未息爭
勞民傷財無寧日
爭名奪利結冤仇
爾虞我詐騙對方
軟硬兼施佔便宜
兩敗俱傷漁翁利
反覆輪迴轉不停
何不真誠相對待
各蒙其利進大同

5.教育

人類初生如禽獸
自生自滅無知識
累積經驗增智慧
互助求生部落興
有教無類傳薪火
因才施教各有成
百年樹人成智庫
促進學養創文明
教育普及民智開
師生倫理臨挑戰
科技成就最耀眼
人文精神漸沉淪
有物無我堪憂慮
革新教育應慎思

6. 文化

混沌初開無文化
人憑本能以求生
比手劃腳傳心意
情趣相投起共鳴
語言開拓文化路
文字培養學術根
踵事增華施教化
倫理道德應運生
人文科技開新局
思想多元展鴻圖
資訊網路遍天下
各行各業喜運籌
天下一家可期待
世界大同復何愁

7. 社會

社會本是共同體
各盡所能取所需
相互依存求發展
彼此善待樂融融
先知先覺聖賢出
敷陳義禮導黎民
後知後覺宣教化
文明社會漸形成
人口眾多事日繁
利害衝突頻出現
不肖之徒乘機起
離經叛道罪惡生
若要社會趨和樂
正心修身斷罪源

8.自然

宇宙形成傳說多
自然科技探幽微
生物進化互消長
人類已成萬物靈
現象紛呈難索解
底蘊神奇費猜疑
科學進步欲望升
為求享受找資源
傷天害地及太空
自然生態遭破壞
人類生存現危機
轉禍為福須及時
還諸天地好山水
留給子孫美家園

9. 倫理

倫理綱常世代傳
長幼尊卑互愛憐
一家和順天倫樂
敦親睦鄰盡歡顏
人間天堂不是夢
美好人生在眼前
家族倫理似膠漆
社會倫理好潤身
職業倫理傳經驗
官場倫理教利民
倫理鋪成平安道
眾生來往結善緣
相生相養皆喜悅
人生在世復何求

10. 道德

人類初生靠自身
荒野覓食不求人
經驗啓發須互助
聚族而居相依存
各盡所能共安樂
積習成俗道德生
社會文明於焉始
已所不欲勿施人
看見人飢予濟助
遇到人溺伸援手
關懷社會獻心力
愛護自然做義工
人間事事現溫情
大地處處皆樂土

11. 命　運

命定先天不由己
運在自己掌握中
人生苦樂皆命運
因緣時會暗牽成
發奮圖強不認命
意志堅定能出頭
逆來順受慎思慮
從新出發展新猷
苦樂來臨皆自在
自助助人復何求
來到人間走一趟
但願與人無怨尤
名利終歸隨風去
一生歲月似水流

12.生死

宇宙蒼茫蘊生機
自然生態最神奇
演進成人億萬載
其中奧秘未盡知
太空星球數不清
地球之外無人跡
何其有幸生為人
生為何來死何去
生來死去一瞬間
人間苦樂難盡言
世代交替成歷史
恩怨情仇變舊聞
一旦往生歸塵土
富貴榮華皆空無

13. 苦 樂

人間苦樂百態生
苦樂感受各不同
求樂避苦是人性
苦樂在心見儀容
尋樂喪志嘗苦果
吃苦有成樂陶然
樂極生悲自悔恨
化苦為樂智慧生
苦樂互生是常理
尋歡作樂苦相隨
人生苦樂總無常
苦中作樂暢胸懷
慾壑難填成苦果
知足常樂好自在

14.天道

轟然一聲宇宙生
星辰日月漸形成
天體運行有軌道
相依追隨互吸引
日升月沉星斗移
井然有序是天定
天道無私生萬物
繁榮大地成美景
唯有人類最幸運
天賦智慧創文明
得天獨厚應知足
受惠終身該自重
共營完美人間世
同享安樂報天恩

15. 人　道

順從天意來人間
始祖降世千萬年
茹毛飲血棲荒野
獨與異類爭生存
累積經驗求進步
相愛互助與日增
倫理道德成規範
典章制度共遵行
物質文明燃慾火
患得患失慕虛榮
名利所在爭先後
心被物化亂象生
回歸人道思改過
不愧於天樂為人

16. 理 想

理想始生於現實
現實總是不公平
眾生天賦各有異
喜樂怕苦志一同
費盡心機求享受
社會萬象所自生
利害衝突添變數
亂象紛呈駭聽聞
強者享盡人間福
弱勢求生備艱辛
智者無私獻心力
利益均霑樂共榮
人無貧富真平等
理想終極是大同

17. 幻想

無中生有求滿足
異想天開騙自己
終日沉迷在幻境
尋歡作樂以度日
心欲所得無能取
怨天尤人自悲寂
為非作歹以報復
自蹈法網入監獄
若能自省知悔改
人生際遇有轉機
只知怨憤仍墮落
繼續沉淪命歸陰
帶著罪孽入地獄
虛度一生枉為人

18. 妄想

各盡所能取所需
相互依存是生機
天生智愚不平等
貢獻需索有高低
取有餘者補不足
道德法令是機制
各安其分行正道
社會祥和樂共榮
想入非非為己謀
巧取豪奪不知足
損人利己視當然
要據天下為己有
兩手空空歸塵土
才知自己是痴愚

19. 自省

出生農家是命定
回想幼年好溫馨
內亂外患燃戰火
苛捐徭役父肩承
飢寒交迫無生計
少年失學做童工
工農商業都做過
走投無路幸從軍
死裡求生赴國難
扛槍握筆做書蟲
幾次應試皆上榜
歷任公職數十年
每逢遷升或敘獎
自甘退讓不損人

20. 展望

二十世紀近尾聲
滿目險象眾驚魂
一片祈求千禧熱
盼望神明降好運
物慾發酵正膨脹
頹風巨浪在形成
硝煙撲鼻是警訊
眾生尋樂置罔聞
避禍趨福無他路
先去邪念正自心
執迷不悟互傷害
神明無奈末日臨
互助合作求多福
人類前途放光明

卷二　感世抒懷

千禧龍年願景

西洋文化的綿延演化
中華文化的傳承啓發
到了二十世紀末
滙聚成千禧龍年
回顧歷史的恩怨情仇
審視當下的紛爭擾攘
展望前景既亮麗又淒迷
面臨福禍安危的叉路口
路標雜陳繽紛奪目
是考驗人類EQ的選擇題

千禧龍年熱潮
掀起地球村民的激情

爭相表白自己的願景
顯露出全人類的心聲
祈求世界永久和平
盼望人類共榮安樂

眾人所祈求的
　所盼望的
無論如何虔誠禱告
　怎樣急切哀求
不會有位萬能慈悲的神
讓人類有求必應
坐享其成
填滿慾壑

人類從洪荒宇宙
邁進文明世界
是列祖列宗的

生命智慧累積而成
歷史告訴我們
世間無完人
以往的功過是非
不必深究罪責
「擇其善者而從之
其不善者而改之」
在現有的基礎上
創造更美好的未來

人類憑現有的知識與技能
妥善運用所擁有的
地球及太空的資源
足以使眾生共享安樂
舞出優美的生命韻律
呈現在我們眼前的
是怎樣的情境呢

種族對抗
宗教傾軋
人與人爭
國與國爭
烽煙四起
生靈塗炭
大量人力物力資源
消耗於冷戰及熱戰
傳染病在大流行
億萬災民掙扎死亡線上
貧富差距在擴大
犯罪率隨之上升
人文生態惡質化
自然生態遭破壞
人類的願景何所依存

險象中呈現吉祥
一位青年比丘尼
約同三十位家庭主婦
每日節省五角錢種善根
繁衍遍及全球五大洲
歷經三十餘年
拓展四大志業
慈善醫療教育文化
福報惠及千萬黎民
慈濟精神給予我們
新的啓示與鼓勵
我們的願景
蘊藏在自己的心田
我們應深耕廣植

慈濟精神正在地球村
深入人心發揚光大

我們在慈濟的光環下
追隨慈濟人的腳步
去迎接全人類的
願景

解惑

世間百態
不外乎生死
人人為生死所苦
　為生死所惑
生從何來
死往何去
神話
鬼話
引伸出許多怪話
衍生出一些幻想
生不由己

死不由己
永生不由己
轉世不由己
生為何來
死有何求
芸芸眾生
想入非非

人人因愛而生
　為愛而活
為自己延續生命
為人類繼往開來
死，是生命的終點
　是愛的休止符

人行道上

這是一條
從古到今的單行道
是人類用生命走出來的
路上行人愈來愈多
路程隨時空延伸
路況變化莫測

回顧來時路
到處血淚斑斑
也有宜人風景
聽到冤魂哀號
也有萬眾歡騰
構成人類歷史的悲喜劇

當下面臨新的境界
人文生態丕變
自然生態改觀
神鬼興風作浪
科技各出奇招
眾生迷失了方向
到處一片亂象

千面魔
迷魂盜
橫行無忌
善良百姓被誘惑
奢侈浪費傷天害地
人行道上險象環生
地球村民快覺悟吧
戒奢以儉相愛互助

才能解危脫困
邁向康莊大道

網！網！網！

人間布滿
形形色色的網
情網
法網
名網
利網
等著網
古今過客

新出現的電腦網路
無所不能
無所不在
網網相生

網網相連
結成羅網
捕捉天下蒼生

眾生互結網友
善者互助互利
惡者相欺相害
花招百出
善惡難分

憑愛心交網友
竣拒網誘
避免網災
安適自在

變！變！變！

老天爺
變得喜怒無常
該晴不晴
該雨不雨
火氣大冰山被溶化
縱容暴風雨
毀物傷人

大地母親
變得面容憔悴
皮膚潰爛
百病纏身
怨嘆子孫不孝

搥胸跺足
地動天搖

人
變得貪得無厭
揮霍無度
傷天害地
殃及自身
怨天尤人
自甘墮落

萬物之靈的人啊
變奢以儉
變恨為愛
就可變禍為福

追！追！追！

漫長的人間路上
追逐名利的人群
在一棒棒接力賽跑
爭先恐後
氣喘吁吁
拼命衝刺
沒有終點

強者愈跑愈快
弱者步步落後
有特異功能者
騰空而起
追向無邊的宇宙

尋覓時空的盡頭
跑道上出現
緊張失落的氣氛
飢渴絕望的情景
相互踐踏
死傷枕藉
現實失控
前途渺茫

先為伙伴們
療飢止渴
療傷止痛
好整以暇
從新出發
再繼續尋夢吧

大地在哭泣

我哺育億萬子孫
哺育了千萬年
我的財富有限
子孫的欲望無窮
我的恩賜
子孫不知珍惜
只知爭奪相殘
還要凌虐我
使我太傷心

我的一把遮陽傘
被不肖子孫弄破
製造大量廢氣

瀰漫我四周
我全身發燒
感到窒息
毛髮一片片脫落
體內被埋核子彈
飲用水被污染
我如何活下去

我自感生機日促
子孫還在快速繁殖
向我需索日多
逼我日急
一旦我沉疴不起
子孫都要殉葬
我吞下辛酸淚
也止不住惶恐

有人想離開我
到太空尋找新樂園
孩子們！相信我
宇宙間沒有比我
更富有更仁慈的母親
珍惜你們所擁有的
做你們應該做的
不要再貪婪放任

孩子們！
聽我最後的忠告
我們要相互疼惜
　　相互憐愛
只要我健康長壽
你們就會安居樂業
千秋萬世繁衍綿延
有光明燦爛的遠景

煙囪

想起過去
在那風光的日子裡
人們以與我親近
為樂為榮
將我視為
財富的標誌
文明的象徵
我巍然聳立之姿
畫家為我塑像
詩人為我歌頌

於今所見
是一張張冷面孔

還不時發出吼聲
又口誅筆伐責我
是污染環境的罪人
感慨今昔
無處傾訴

我雖然為人類
有階段性的貢獻
我願功成身退
不留戀過去的榮華
畢竟我扮演過
推動文明進步的角色
已寫成歷史
任何人難以磨滅

古人的足跡

古人
在洪荒的原野
摸索前進
尋覓人間樂園
一代代接力
從上古中古到近古

古人
走出文化　文明
帶著歡笑　血淚
留下典範　罪惡
凝聚成眼前這個
參不透的世界

我們這些後代的古人
步伐愈走愈快
沿途荊棘越來越多
潛伏的危機在發酵
如果不幸形成
「黑洞」
那將是個
無情的結局

可預見的未來
是或然
非必然
上天堂　下地獄
決定於我們邁開
是否智慧的一步

今人的形象

今人
在靈性之光
透視下
有兩大類型
相互角力
將決定人類的命運

克己奉獻型
以古人的典範為基質
加入時賢智慧的結晶
攙進自己血汗的養分
化合成推動社會
走向理想的動力

膨脹掠奪型
以名利為酵素
朋比為奸壯大自己
張牙舞爪造聲勢
逞一時之快
不考慮後果

同類相聚
正在競技場較勁
膨脹掠奪型已佔上風
克己奉獻型誓死決戰
人類的福禍
就看誰勝誰負

瞭望廿一世紀

雷射光束
交織成空戰的火網
戰利品紛紛墜落
太陽黯然
月亮掩面哭泣
星星嚇得不見了

地球村人擠人
災禍頻傳
資訊泛濫
全裸半裸的
新新新……人類
如瘋　如狂

如痴　如醉
衛道者
理想者
被趕到陰暗的
角落

富豪揮霍風
吹得流浪人
　流浪寵物
到處流竄
歡笑聲
哀號聲
是最流行的歌曲

我心頭的陰影

自稱全國第一大報
全版廣告刊出
「謀殺專門店」
成立俱樂部
招募會員
暢談「謀殺之樂」

第一流的出版社
為「謀殺專門店」
創辦《迷人》雜誌
為會員服務
有第一流的作家推荐
誘人入甕

花招百出
前往者趨之若鶩
熱鬧滾滾

白曉燕案凶手
被傳播媒體塑造成
犯罪英雄
成為不良青少年
崇拜的偶像
「謀殺專門店」
又要《迷人》
不知將有多少善良
成為屠夫俎上魚肉
那些社會現象
在我心頭蒙上
恐怖的陰影

我想變一隻麻雀

我偶然發現
一個最大的
麻雀族群
最少有幾千隻
棲息在一棵
枝葉茂盛的
大芒果樹上

遠遠聽到
它們在大合唱
走近觀看
正在枝頭跳舞
迎晨光飛去

隨晚霞歸來
井然有序

我每天早晚去欣賞
它們的
迎晨曲
歸巢頌
結伴飛翔的美姿
我羨慕它們
生活得快樂自在
而為人類羞愧
我真想　真想
變成一隻麻雀
加入它們的族群

回顧與前瞻

回顧來時路
歷經坎坷艱險
所幸選擇的
方向正確
信心堅定
披荊斬棘
努力耕耘
才有今天

眼前的景象
風不停
雨未歇
地震連連

電閃雷鳴
硝煙瀰漫
警訊一波波
向我們挑戰

未來的世局
會更詭譎多變
展望前程
極目一片陰霾
唯有眾生心燈明亮
舉步穩健
攜手同心
才會走出美好的
遠景

美國又踏出錯誤的一步

戰爭不能解決問題
只會滋生仇恨
傷及無辜人民
禍延後代子孫

兩次世界大戰
勝敗雙方都是輸家
留下的只有歷史傷痕
人們總是健忘

美國憑其強大
以主持正義者自居
陷入韓戰、越戰泥淖
損兵折將屈辱求和

於今又要懲罰南斯拉夫
炸毀南國各項設施
製造了數十萬難民
誤炸了中共大使館
是陰謀 是陽謀
都將自食惡果

世界和平才是人類之福
如果將千百億戰費
助貧窮國家生產建設
地球村民早已驅貧脫困

解決南國族群問題
政治協商
經濟援助
才是上上策

警訊

看不見
想不到
不知不覺
卻存在的危機
被醫學界發現

化學物質及環境賀爾蒙
在吞食男性精蟲
至二〇四〇年
已臨生殖能力下限

上帝救不了人類
人類須自救

保護生存環境
是唯一的生路

附註：中央日報於二〇〇〇年元月十二日刊載一則報導：根據成功大學醫學院環境醫學研究所調查發現，過去五十年因受化學物質及環境賀爾蒙作用影響，男性精蟲數減少一半，嚴重危害生殖功能。一九四〇年男性每cc精液中平均精蟲數為一億一千二百萬個，但至一九九〇年已下降為六千六百萬個，如果精蟲數低於二千二百萬個時，人類就可能喪失生殖能力。

環保歌

頭頂的天空
足立的大地
是我們生命的泉源
天空灰暗又破洞
大地到處被污染
生存危機一天天加深

這怪誰？怪誰？
怪我們自己！
我們貪心又任性
奢侈浪費惡性競爭
製造大量廢棄物
破壞了生態環境

環保自救刻不容緩
大家同心協力
做好環保工作
使天藍地綠水長清
我們才會生得快樂
活得安心

作者懇請：善譜曲者，將本歌詞譜成動聽的流行歌曲，請名歌手主唱，並收入專集以廣流傳，俾喚起社會大衆的環保意識。作詞者以「天眞」具名，並放棄版權及一切權益。

九二一大地震

上帝怎麼那樣
粗心大意　創造
一個不完美的地球
供人類生長棲息
那麼無情無義
使無辜的子民
承受無法抗拒的災難

瞬息之間
禍從地起
來不及躲避
無罪而死誰之過
倖存者家破人亡

身心受創傷
欲哭無淚

電視　廣播　報紙
都改頭換面
總統選舉口水戰
色情新聞
犯罪的血腥畫面
全消聲匿跡

傳播媒體
都在報導災區訊息
山崩路斷橋毀
一個個社區房屋倒塌
救死扶傷捐血募款
全民救災總動員
患難見真情

展現同胞愛

很多國家政府和人民
表達關懷伸出援手
救難團隊源源而來
發揚人性的光輝
若因震災喚醒大愛
地球村民因禍得福

上帝畢竟垂憐子民
讓他們背起
震災的十字架
救贖全人類的罪愆
奉召上天國的同胞們
你們俯視這次救災情景
一定很感動
很安慰

好好安息吧

阿門

附註：

一、一九九九年九月二十一日凌晨一點四十七分，發生在日月潭以西十二點五公里的七·三強烈地震，災區遍及十二個縣市，傷亡二萬餘人，財物損失難以計算。

二、有二十一個國家，迅速組成救難團隊，趕往災區搶救災民，奮不顧身，眞情感人。

三、我無宗教信仰，只奉信國父遺教。但現實無法從理想中索解，姑且藉基督教義來詮釋生命，以敬悼在震災中受難的同胞，告慰英靈。

寫於震災發生後第五天

震災之後

九二一大地震
震碎千萬人理想
震破千萬幸福家庭
好山好水變險境
安樂社區成廢墟

軍民奮起災後重建
同胞愛飆到最高點
重建計劃不是復舊
是要展現新風貌
實現新理想

震災激發出台灣

更強的生命力
多難興邦
又多了一次見證
常存憂患意識
迎接任何挑戰

斷層板塊活動
是造物者的惡作劇
我們要勇敢面對
浴火重生
轉禍為福
中華民國經得起
任何考驗

寫於震災滿月夜

景仰 國父

當今世界擾攘不安
各族群互相殘殺
各階層相互鬥爭
幾億人流離失所貧病交迫
是民族民權民生問題
沒有得到合理解決

您發明三民主義
一次革命論
研究透澈設想周全
以博愛為原動力
以互助合作的方法
將貧富不均的社會

建設成均富的樂園

患妄想症者提倡共產
將社會問題倒果為因
把病理當生理誤診誤治
造成人類空前大災難

民主政治
走了樣變了質
自由成為
暴力墮落頹廢
只有澈底實行
您的三民主義
才能為人類造福
偉大的　國父
您才是我們的上帝

寫於一九九九年國父誕辰深夜

蒼生無奈

盤古開天闢地
上帝創造天地萬物
還有這個神那個主
數也數不清
口語相傳
載之經典
把眾生弄糊塗了

是非恩怨
交織成綿密的羅網
網住天下蒼生
網內一片嘶殺哭泣歡笑聲
功過各方神明看得見

卻不主持公道
不作見證

千禧熱

千禧熱　遇上
流行潮
搞怪風
合成一股亂流
吹得眾生昏沉沉
大作白日夢

千禧年帶來的
是福
是禍
就看人們
如何想
怎麼做

倘陶醉慾壑
就會沉淪以終

籠裡籠外

鶯歌鎮三號公園遛鳥場
設在林蔭的山坡下
A區是：老口畫眉
B區是：綜合野鳥
兩座鐵架上懸掛著
幾十個鳥籠
獵鷹在頂空盤旋

籠裡的鳥兒跳上跳下
樹上的鳥兒飛躍枝頭
百鳥爭鳴各唱各的調
我不諳鳥語一樣悅耳
聽不出牠們有

身在牢籠的苦悶
強敵凌空的憂愁

因爲·所以

因為
珍惜此生
所以
我思念父母

因為
我正蒙恩受惠
所以
我飲水思源

因為
眾人供我所需
所以
我毫無保留的奉獻

身在福中

呼吸自由空氣
可以自由思想
閒來和文字聊天
忙時忘了果腹
財神爺不上門糾纏
貪心鬼不找我麻煩

心湖無波
精神舒暢
有人使我思念
有事讓我嚮往
我操生命之舟
航向遠方

知也無涯

你知
空間有多大
時間有多長
時空與
過去　現在　未來的
因果嗎？

你知
人從那裡來
又往何處去
過去是什麼模樣
未來是什麼形像
現在該怎麼做？

你知
知善行善
知惡做惡
後果如何？

你知
苦樂相生
為何尋樂反受苦
怎樣轉苦以為樂？

我的白開水

有人說我的詩
像白開水
真是我的知音

白開水　是
生命的要素　與
空氣
陽光
同樣重要

我的白開水
無色
無味

養分多
能延年益壽
提神醒腦

我的白開水　絕無
麻醉劑
迷魂藥
細菌或病毒
是健康飲料

當下有些流行的
名牌飲料
口感好
使人飄飄欲仙
產生幻覺與妄想
隨之而來的是
失落與惆悵

做我自己

當下流行一句
口頭禪：
做我自己

聽來有點
個人主義
不知他（她）們
如何做自己

我們的老祖宗
早有這種想法
說過類似的話
孔夫子是其中

典型人物

他一生都在
做自己：
克己復禮
己所不欲
勿施於人

想做自己的人
可曾這樣想過
這樣做過
他（她）們究竟
如何做自己
是否做好了自己

一位博士教授詩人的迷惘

一個脆弱的靈魂
在灰濛濛的天空下
為情所困　為愛所苦
為幻夢所糾纏
呻吟嘆息　陷入迷惘
從青壯步入垂暮

一位學者的人生
就是這樣嗎？
一位詩人的情懷
就只這樣嗎？
是真情？是矯情？
使我也迷惘

（讀一本詩集的感慨）

認識自我

我是億萬光年空間的一粒微塵
我是億萬年時光中的匆匆過客
我是列祖列宗的後代
我是一個現代人
我繼承了豐富的文化遺產
我背負著發揚人性光輝的責任
我有理想抱負
我要追求幸福的人生

回顧綿長的來時路
感恩戴德
承先啓後
不能只作口號
要切實履踐躬行

環視我們這個地球村
戰禍飢荒連年不斷
色情賭博吸毒到處流行
貪偷搶騙日益猖獗
殺人放火不算新聞
浪費資源破壞了自然生態環境
頹廢墮落的風氣腐蝕著社會人心
犯罪年齡逐漸下降
犯罪率快速上升
文化勢力正在醞釀衝突（註一）
預謀未來將形成殘酷的鬥爭（註二）
這一切都是我們面臨的挑戰

科技帶給了人類幸福
也潛藏著重大危機
它像一把雙刃寶劍
能制服敵人

也會傷害自己
若無理性監控
或落在狂人手裡
浩劫隨時都會發生
怎能不小心謹慎
朝夕警惕

有人說
二十一世紀是中國人世紀
我期盼是即將實現的預言
兩岸四地及遍布全世界的中國人（註三）
已展現高度的智慧與成就
正在擴大影響的領域
我們不是要建立舉世無匹的大帝國
我們是要做好地球村一員的角色
開創一個和平均富的樂園

我們站在文化人的行列
以奔向未來的先鋒自任
我們手握的彩筆
豈能只做文字遊戲的工具
要使之成為人類心靈活動的南針
成為普渡衆生的舟楫

我發現一個
普遍又簡明的真理——
互助合作一加一
你爭我奪一減一
切盼住在地球村的生命共同體
都有此一共識
自我期許
自我調適
彼此攜手
共創未來

註一：政治學大師杭廷頓教授，撰寫了一篇「文化的衝突」長文，對世界上各種有影響力文化的本質、源流、興衰、分合與未來趨勢，作了精密的剖析，並預言人類未來的衝突，將由政治、軍事而轉趨為「文化的衝突」。勸告世人要「生活在一個不同文化並存的世界，必須學習共存共榮。」中國時報摘譯其中精華，以「全球文化衝突的時代來臨了？」為題，於民國八十二年六月二十二日至二十五日，在「大社會」版連載刊出。

註二：耶魯大學歷史學教授保羅·甘迺迪新著「預謀二十一世紀」，他以歷史學者的知識與智慧，從人口問題、政治、經濟、文化、地球生態、資源及科技等層面，探討及預測二十一世紀人類社會的主導力量的趨向，並提出解決諸多難題的建議。最後他無奈的說：「我們所面臨的不是『新世界秩序』，而是分裂多事的地球。正如前面各章節所言，激起變化的各種勢力，其速度與複雜程度令人生畏，但才智之士，不論男女，仍有可能引導社會通過二十一世紀的種種考驗。倘若過不了這些關卡，人類也只有怪罪自己，因為人類正是這些難題與災難的始作俑者。」聯合報摘譯全書重要部分，於民國八十二年七月十一至廿四日，在「國際新聞」版連載刊出。

註三：兩岸四地，即大陸、台灣、香港、新加坡。

註四：此篇於民國八十二年國父誕辰夜定稿，置於書桌抽屜，經八年時光的檢驗，拿出面世，就教於有識之士。

卷三

相契偕遊

怪坡

我千里迢迢
慕名而來
見到的是個
不起眼的
小斜坡
怪在那裡？

我跨上
供遊客探怪的
腳踏車
怪事立即出現
上坡要踩煞車
否則快速向前滑行

下坡要使力推進
不然車子就會倒退
怪在它能
顛倒是非

它像個
叛逆性強烈的
青少年
向千古不移的
定律挑戰
征服了地心吸力
科學家們
也無法理解
是世界第一怪
怪得出奇

本溪水洞

那是條
經億萬年時光
鑿穿的隧道
兩壁的鐘乳石
在燈光下玲瓏剔透
用歲月雕刀塑成
八十四景
人物山水百態千姿
撩人沉思遐想

觀光客乘遊艇
在粼粼波光上
來回穿梭

讚嘆聲
歡笑聲
議論聲
協奏出
美妙的樂章
我忘了身在何處

美好的回憶
使我時興嚮往

註一：《秋水詩刊》同仁應邀，於一九九六年五月，前往大陸作詩之旅文化交流，十九日抵達瀋陽市，由遼寧省文聯主席牟心海先生，和《詩潮詩刊》劉文玉主編暨多位詩友陪同遊覽「怪坡」及「本溪水洞」等名勝景點。

註二：本溪水洞，是世界上最長的地下暗河，全長三千公尺，水深處七公尺，寬可並行兩艘遊艇。水流平緩清澈，洞內全程景致優美，觀光客絡繹不絕。

北韓掃描

乘軟臥火車
越過鴨綠江直駛平壤
沿途原野荒涼
農村房舍老舊
軍民閒散
神情落寞

車抵平壤站
巧逢迎接
獲國際科技獎
英雄凱歸的
盛大場面
各界的旗幡招展

鼓號樂隊喧天

兩位男女青年導遊
説流利的中國話
迎接我們住進
朝鮮大飯店45樓
俯瞰市區高樓林立
環境整潔清幽

男女交警擺頭揮手
行人車輛井然有序
紀念碑塔銅像
是思想行為
統一的符號
排隊是行動的節律

十萬人有一所大學

全人教育
全部免費
醫療保健全公費
工作分配制
生活供給制
是個沒有競爭的社會

開城是個文化古都
崇陽書院
南大門
高麗博物館
成均館
都有中華文化的
流風遺韻

憑弔板門店非軍事區
三十八度線兩邊

雙方警衛對立相視
當年停戰談判
簽約會場陳設依舊
牆上掛著
參戰國國旗
桌上擺著
簽字文書樣本
我們坐上
雙方談判席位
感慨萬千

註一：《秋水詩刊》同仁，於一九九六年五月，應邀訪問東北，由遼寧省文藝界與北韓方面溝通，前往平壤、開城三日遊，並訪問板門店非軍事區。

註二：我們訪問期間，正值北韓嚴重飢荒，東北的詩友們怕我們挨餓，買了一些食物給我們隨身攜帶。我們在大都市並未見飢荒景象。北韓是個樣板的共產國家。

外蒙古大草原

造物者
巧思
巧手
巧安排
讓我們意外驚喜

大地鋪上法蘭絨
天空浮雕白雲圖案
牧人伴著
羊群
牛群
馬群
悠然自得

蒙古包是唯一的
街容市景
夜幕低垂
星月升空
眼前一片
皎潔晶瑩

天地間
竟有如此
美好的樂土
怎奈我只是一個
外來的過客

附註：《秋水詩刊》同仁，於一九九八年七月，應外蒙古文藝界邀請，前往訪問七天。在首都烏蘭巴托舉行文化交流座談會，參加者有內閣閣員、國會議員、大學校長、文藝界領袖。參觀歷史博物館，欣賞歌舞表演，暢遊哈爾哈林大草原，住蒙古包，吃烤全羊，是一次愉快的文化之旅。

內蒙古詩之旅

秋水詩園裡
舊雨新知
漂洋過海
翻山越嶺
奔向蒙古高原

不是浪漫出遊
不是激情放蕩
是為秋水廿五歲慶生
祝秋水浩浩長流

往謁成吉斯汗陵寢
憑弔王昭君墓園

攀爬響沙灣峭壁
暢遊內蒙古草原
人物風景
都是珍貴的啓示

來自十餘省市詩友
歡聚一堂
說真話
動真情
會心而笑
喜極而泣
發揚詩文化
開創詩的新生命
都有共識

迎接中國人的
二十一世紀

以中華文化的新精神
向頹廢墮落的
流行文化挑戰
拒惡質文化污染
使秋水更為清洌

附註：結束外蒙古訪問行程，在內蒙古鄂爾多斯，與大陸詩友相聚，爲秋水創刊廿五週年慶生，場面熱列感人。

中橫憶往

陪同遠來嘉賓
遊覽中橫公路
奔馳在你們修築的道路上
看到你們留下
穿崖鑿壁的鬼斧神工
吃到你們生產的
高山水果蔬菜寒帶魚
遊覽車駛在懸崖峭壁
蛇行起伏過山洞
雲海忽前忽後
瞬間又在雲端
詩情畫意
嘉賓樂透

當年我們脫下戎裝
穿上便服
授予榮譽國民證
你們是最幸運的一群
參加國家建設工程
帶動經濟起飛
從無到有
從有到富
才有今天
飲水思源
銘感在心

註一：中國詩歌藝術學會，於一九九八年九月，舉辦「兩岸詩刊學術研討會」，大陸詩人組十一人代表團來台出席會議，會後遊覽日月潭、中橫公路、花蓮等風景區，我全程參與。

註二：政府於五〇年代，實行精兵政策，辦理國軍官兵退除役。依體能、專長、志願輔導就業、就學、就醫、就養，我憑考試及格，端起公務人員鐵飯碗。

詩與人生之旅

人生是詩的素材
詩是人生的華采
素材充實質地好
華采亮麗不褪色
人生與詩相結合
才是美好的人生

當下人生尚浮華
當下寫詩要空靈
素材隨地取
掠影一瞬間
詩與人生分道揚鑣
人生與詩貌合神離

是詩的悲哀
是人生的不幸
人生不是浪蕩世間
走一遭了事
詩不是玩一玩
打個啞謎給人猜
詩是顯彰人生的意義

註一：中華民國新詩學會，於一九九九年十月十四、五兩天，舉辦宜蘭冬山河香格里拉農場之旅，並在農場開「詩與人生」詩學研討會，應邀參加者三十餘人，會場發言踴躍。

註二：好山好水好時光，一時興起，而生感慨，發抒所懷。

尋石賞石之旅

大伙兒同車上路
説説笑笑來到
奇石之鄉
在濤聲中　浪花裡
尋覓自己的最愛
相互炫耀
互相贈與
同樂豐收

往訪名石王國
殿堂輝煌燦爛
奇石雅石各顯尊貴
身價不同凡響

我大開眼界

夜宿花甲山莊
莊主白丁熱情接待
吃野味
睡地舖
談往事
溫馨滿懷

互道珍重再見
永遠珍惜這片段
歡樂人生

附註：應《葡萄園》詩刊主編台客兄邀約，於一九九九年四月二十四、五兩天，參加十六位詩友「花蓮賞石之旅」。有文曉村、金筑、晶晶、宋后穎、楊寶山伍位夫妻檔，加上賴益成、台客、關雲、趙娣娟、麥穗和我，相契偕遊，玩得盡興。

劉再興先生藝壺展

一、美的舵手

茶道之美
美在能生津止渴
調理身心
延年益壽

你是美的舵手
乘你的方舟
行程中無暗礁
沒有驚濤駭浪
遠離苦海
航向美滿人生

理想世界

二、親善大使

你風度翩翩
　謙恭有禮
滿腹經綸能服眾
袖裡乾坤皆美景
相聚歡敘樂陶陶

只要有你在
化干戈為玉帛
變戾氣為祥和
為眾生締造
歡樂社會
幸福人生

附註：以上兩首作品，是應賴益成兄邀請，爲陶藝家劉再興先生藝壺創作配詩，參加國立中央圖書館台灣分館舉辦的個人藝壺展。

心事

我倆牽手走過
那艱辛又
甜美的歲月
雖是很久很久
以前的事
縈迴我心
有如昨日

我倆曾經作過
相同的夢
有的夢已圓
有的夢已碎
已圓與已碎的夢

仍常在我的
夢中出現

情

歷代滄桑史
當今浮世繪
都是情的化身

親情
愛情
友情
真情相待
都是美事

縱情
激情
濫情

相互激盪
終成悲劇

情為何物
情歸何處
由自己詮釋
在自己掌握

情是福根
情是禍水
福禍無常
好自為之

緣

山水相映
是緣
風雲伴舞
是緣
人情往來
是緣

緣起
緣興
緣滅
都是緣

善緣相生

惡緣相剋
奇緣相吸
了緣相忘
緣緣相因
因緣萬象

隨緣
惜緣
絕緣
也是緣

廣結善緣
相契投緣
乃人生樂事
使社會祥和

玫瑰仙子

她是一朵
艷麗的玫瑰
羽化成
人間仙子
芳名王麗玲

在含苞待放的歲月
與一位幸運者結緣
相愛而成連理
有了愛的結晶
是神仙眷屬

那個負心郎

被第三者俘虜
她從十二年美夢中
驚醒
坦然面對
理性分手
為兒子隱忍兩年半
以公開信宣佈實情

她仍然是玫瑰仙子
不「自憐　自嘆　自怨」
要「善盡社會教育責任」
給「大眾一個健康觀念」
她以生命的黃金時光
編寫這個真善美的故事

附註：王麗玲是「超視」節目主持人，將兒子安排到加拿大讀書，然後宣佈離婚消息，以免兒子受到傷害。她說：「人生還有很多快樂的事要做。」她的倫理道德觀及社會責任感，令我敬佩，謹以此詩抒懷（取材自新聞報導）。

人生方向的標竿

林明德先生
林蔭廣庇
明鏡在心
德似朝陽
啓動
「打掃台灣環保行腳」
在一八二個日子裡
三六九個鄉鎮走透透
發動全民掃街運動
親自帶領撿垃圾
宣導「掃地淨心」
自求多福

當下
自然生態
人文生態
同遭污染
人類生存現危機
淨土淨心求自保
是自救救人救子孫的
不二法門

附註：林明德先生，是台北市福爾摩薩獅子會創會會長。於二〇〇〇年五月十四日母親節，由台北市和平公園出發，發起「打掃台灣環保行腳」，經一百八十二天，走遍三百六十九個鄉鎮市區，宣導環保觀念，勸群衆「掃地淨心」以身示範。

（取材自新聞報導）

失智老人

一個失智老人
在人行道上尋尋覓覓
迎面而來的流行熱潮
擦身而過的凶險風浪
他不知趨避
直線而行
有人關心探究竟

他不理睬
自言自語：
我心已死
氣未斷
朝理想目標邁進

不計得失成敗
氣絕即功德圓滿

卷四　三月詩情

前　言

〈三月詩情〉這一卷裡收入的作品，都是「三月詩會」命題詩，經過詩友們聚會討論，提供意見修正而成，有集體創作的成份。

三月詩會，成立於一九九三年三月。是由幾位公職退休的詩友，在茶敘談詩的歡樂氣氛中誕生。相約每月第一個星期六聚會一次，輪流擔任召集人，並擬下月創作詩題。中午聚餐後品茗論詩，六年來未曾間斷，並出版同仁詩選集四本：《三月情懷》、《三月交響》、《三月風華》、《千禧三月》。

三月詩會，是個沒有組織，沒有流派，沒有門檻的詩人小團體，自由進出，人數在緩慢成長，並有中生代加入，由當初七、八人增加爲二十五人，大家都認爲在三月詩會的歲月中，在不斷進步，收穫甚豐。

醉的三部曲

樂醉

好友相聚
各説稱心快意事
開懷暢飲
喝得醉醺醺
酒醒精神爽
情誼更深濃

麻醉

心思不如意
投訴無知音
飲酒消愁
酒醒愁苦依舊

戒酒從新出發
就會海闊天空

陶醉
縱酒尋歡找刺激
樂極生悲
怨天尤人不自省
沉醉不起空遺恨
親人傷心
仇家稱快

人生悲歡
常在一醉中
不醉而樂
方為人上人

（原題：「醉」）

夏草

一粒粒種子
一絲絲根鬚
在泥土裡冬眠
被春風春雨喚醒
鑽出地面
呈現新生命
經炎炎夏日薰陶
為大地織景
吐芬芳
在秋霜來臨前
展露風華倩影
詩人讚美歌頌

美人圖

古今美人
賢德或不淑
形諸圖文
都會流傳後世

西施以美色媚惑吳王
為越國復仇
心願已了
與范蠡結為神仙眷屬
留千古美名

楊貴妃百媚千嬌
釀成安史之亂

慘死馬嵬坡禍及百姓
長恨歌道盡傷心事
惹人憐愛又憎惡

蔣夫人冒西安事變之險
深入虎穴護衛蔣公
參與抗戰救災撫孤
奔走國際救亡圖存
期頤百歲仍心繫國事
舉世崇敬垂青史

江青棄演藝投靠毛澤東
翻雲覆雨搞清算鬥爭
帶四人幫鬧文化大革命
被拉下馬淪為囚徒
含恨以終心不甘
罪惡深重蓋古今

飛禽之愛（三首）

一、烏鴉

我的天職是
報憂不報喜
我預知未來
常發出警訊
無憂患意識者
嫌我烏鴉嘴
怨我觸霉頭
將我的關愛
置若罔聞
不自檢點
奈何！

奈何！

二、喜鵲

我天生樂觀
愛看光明面
向人間報喜
鼓勵眾生上進
怎知有些人
得意忘形
樂而忘憂
放肆妄為
演出一幕幕悲劇
我想閉嘴沉默
不管人間事
卻本性難改

三、燕子

我深居沿海岩洞中
飛翔海上
啣海藻築安樂窩
有個美滿家庭
不知那來的強盜
摘我的安樂窩
賣給別人當補品
如果能為好人
延年益壽
我甘願奉獻
倘惡徒得以健身壯膽
我就恨他一輩子

（原題：「飛禽」）

財經話題

財經像一道彩虹
予人美感
引人遐思
使人憧憬
美好的未來

財經像把七弦琴
可演奏美好的
生命樂章
操琴者往往
心有旁騖
忘了譜彈錯調
後悔莫及

空遺憾

（原題：「財經」）

素描三幅

一、似人非人

我想作人體素描
搶先擁入眼簾的
酷哥　辣妹
酷公　辣婆
有的張牙舞爪
有的搔首弄姿
齊聲狂傲叫嘯：
我們要為享樂打拼
要向倫理道德挑戰
我的情緒愛震撼
繪出的形像

似人非人

二、慈濟人

一群群男男女女
頭頂亮麗的光環
臉上綻放著蓮花
跟隨一位女菩薩
操慈航之舟
普渡眾生

開拓心田
勤耕樂土
遍植善因
豐收善果
分享五大洲災民
受惠者樂得笑哈哈

三、政客形象

選前登門拜訪
笑臉迎人鞠躬作揖
偷送鈔票
嘴開支票
攻擊對手不留情
表揚自己不害羞
百般騙取選票
當選後眼睛向上看
欺下瞞上昧良心
勾結黑道找財源
爭名奪利
搶先機

（原題：「素描」）

夢中懷古

午睡夢遊地球村
情景似曾相識
依禮運大同圖樣建構
照三民主義設計裝潢

自然生態優美
人文景象安詳
各種膚色的人同享福樂
我留連忘返

一聲響雷
把我從夢中驚醒
倚窗悵望

山雨欲來

（原題：「懷古」）

蛙之頌

你們是個大家族
有光榮的家族史
助農民除害蟲
泳者仿你的泳姿
蛙人學你的潛水技能
你是氣象先知
向人間預報天候

你的歌聲悅耳
舞步輕盈悅目
你的舉止優雅
是動物界的模範
堪稱人類的

良師益友 （原題：「青蛙」）

附註：《辭源》：蛙是水陸兩棲動物，雄者大都能鳴，雌者則否。種類甚多。有金線蛙、蟾蜍、蝦蟆、山蜍等。皆捕食害蟲。於農家有益。其子即蝌蚪。（雨蛙）體小，色鮮綠，亦名青蛙。善攀木，常棲樹上。雄者將雨即鳴，人或飼之，以卜晴雨。

螢火蟲

螢火蟲晝伏夜出
擎著一盞小燈
與星月爭輝
曾有貧苦的書呆子
沒錢買燈油
捕捉你們集光讀書
傳為佳話

你們那藍色的燈光
為夜景頻添情趣
夏夜全家在户外納涼
孩子們隨著
那閃爍的流光起舞

大人們開心閒話家常
螢光晚會甜美溫馨

夢遊仙境

一家人吃團年飯
守歲到深夜
滿心歡喜談願景
但求平安迎新歲

入睡夢遊仙境
滿目皆笑顏
人人謙恭有禮
新聞全是喜訊
無生老病死之苦

鞭炮聲喚我回人間
已日上東窗

瞬息天壤
悵然若失

（原題：「夢」）

何首烏的夢

我作了千年美夢
想犧牲自己
完成我的使命
給人類一個健美人生

我的夢想落空
有的人鄙視我
有的人作賤自己
不知珍惜生命

堅持我的理想
懷抱希望與期待
直到地老天荒

我無怨 無悔 無恨

（原題：「何首烏」）

微笑

微笑
是無聲的語言
能表達心聲
釋放善意

微笑
是珍貴又廉價的禮物
使人樂於接納
而無法拒收

微笑
是一朵心花
艷麗又芬芳
使人怡情悅目

千禧願景

祈求老天爺
使風調雨順
不要呼風喚雨
凌虐眾生

祈求大地母親
讓地牛酣睡
不使牠翻身
傷害眾生

但求地球村民
和睦相處
友愛互助

美化短暫人生

（原題：「千禧年」）

心燈

一盞盞明亮的心燈
照耀一個個純潔的靈魂
大愛的歌聲帶著實惠
展現人間美好的遠景

一群群失魂落魄的人
不點心燈在暗中摸索
相互推擠踐踏
到處聞到血腥聽到哭聲

可憐的迷途者啊！
快點亮心燈
跟上大愛的隊伍

邁向美好的前程

（原題：「燈」）

錢的獨白

人們稱讚
我萬能
樂意與我為伍
我引以為榮

在廉能者金庫中
在善良者荷包裡
我日夜作美夢
夢想都成真
我的潛能化為
亮麗的榮景
和樂的氣氛
不幸被惡徒佔有

有的持我凌人
有的擁我沉淪
我成了社會的亂源
犯罪的幫兇

造物主啊！
你命我來人間
以助生民樂利
為何要我扮演
善與惡對立的角色

我身不由己
悲歡無常
發覺自己被愚弄
造物主啊！
是你在戲弄我嗎？

（原題：「錢」）

寒冬送暖

西北風呼嘯而過
落葉飄零遍地
小草枯黃無生氣
行人穿著冬裝
口吐煙霧

三三兩兩的善心人
手提大包小包
為獨居老人
流浪漢
送衣被食物
噓寒問暖
我們的社會

處處有溫情

（原題：「寒冬」）

跨世紀的省思

我拉著廿世紀的尾巴
環顧地球村
到處血淚斑斑
硝煙瀰漫
資訊網路不斷傳來
恩怨情仇
利害衝突
人人期待
新世紀的來臨

我以心靈的望遠鏡
瞭望新境界
舊世紀遺留的垃圾

還在焚燒
天空一片灰暗
地面滿布荊棘
人的物慾在膨脹
情慾在泛濫
行為失常東倒西歪

心懷大愛的救生員們
千呼萬喚
東奔西走
對失魂落魄者施救
不知能否消除
面臨的災難

告別二十世紀

這一百年
在無限的時光裡
只是一霎那
在人類的歷史上
是漫長難熬的歲月

二十世紀是一幕悲劇
在戰爭的夾縫中
激發出物質文明
使慾火上升
靈魂下墜

幕前幕後

台上台下
全人類參與
所感受到的是
刻骨銘心的哀傷
情緒失控的傲笑

你帶著悲情
偷偷溜走
留下的沉重包袱
後代子孫背著
匍匐前行

井說

我是生命的泉源
無限供應
需索不求償
在人間有尊嚴

為求公平
曾建立井田制度
勉人循規蹈距
做事要井井有條

坐井觀天
井底蛙
對這些愚昧者

我雖同情卻無奈

（原題：「井」）

心橋

自我的心
能懂事的時候
就開始搭建心橋
與人溝通
都得到善意的回響

少小之時
我搭建心橋的材料
是孝與恭
父母和長輩都說
我是好孩子
長大成人投身社會

我搭建心橋的材料
是敬業樂群
在困境中求發展
得到一些意外的收穫

面臨老境
我搭建心橋的材料
是詩與文
結交了許多益友
豐富了我的人生

在逾半世紀歲月中
我一直在搭建心橋
時常聽到
從橋上發出
悅耳怡情的足音

（原題：「心」）

無題

一

流行已久的口語
人不自私天誅地滅
怕天誅地滅而自私
是自愚愚人

不自私者隨時隨地都有
未見天誅地滅

愛自私者自己去自私
請勿誤導眾生

二

老玩童和小玩童
一起玩家家酒
玩祖宗神主牌
玩祖先傳家寶
玩吞火自焚
玩著得意忘形

旁觀的家人
看得怒氣衝天
看得心驚肉跳
看得垂頭喪氣
看得百般無奈

只有那些
想趁火打劫的人
樂得笑哈哈

元的自述

我是時間的起點
元始　元年
元月　元旦
已成大眾認同的真理

我是人間的至尊
元祖　元首
元老　元帥
受到古今中外的崇敬

使我羞愧的是
生了個不肖子元凶
繁衍子孫眾多

都是人間禍首

（原題：「元」）

寒冬

寒風颼颼吹
樹葉飄飄落
小草見風披靡

寒流從政壇襲來
股市應聲跌跌跌
台幣驚聲貶貶貶
工商業者
走走走　倒倒倒

政客變變變
升官發財者樂樂樂
善良百姓苦苦苦
愛國愛民者憂憂憂

淚

張老奶奶
把長孫當作命根子
從小寵愛成小霸王
長大變為人渣滓
因搶劫殺人罪坐牢
她流著辛酸淚
向人傾訴悔不當初

李大娘
撫育獨子教導有方
學有所成貢獻社會
立業成家奉養寡母
榮獲大孝獎

她喜極而泣
淚光照亮得意的容顏

王嫂子
禍不單行
被偷被搶被騙
丈夫車禍喪生
家財耗盡子女幼小
她心力交瘁
求助無門
欲哭無淚

卷五　小詩薈萃

心靈感應

星星不停地眨眼
以動感的語言
讚美凡塵

寫詩流程

靈魂與手連線
經筆尖流露
詩人的心聲

網路資訊

風在樹梢呼嘯
知會鳥兒
山雨欲來

泥土之愛

泥土滋養萬物
百花鬥艷爭妍
美化了人間

眞情流露

嬋娟看盡
人間悲歡離合
以陰晴圓缺表達
喜怒哀樂

珍惜情緣

柳絮在微風中款擺
蓓蕾在陽光下含羞
大自然忙著牽紅線
撮合人間對對情緣

取捨在我

萬事萬物
總是美醜並陳
揀美好的珍惜
將醜惡的丟棄

心靈之美

從心靈發出
柔美的光輝
芬芳的氣息
人們稱之為詩

人生之旅

生命的光和熱
交織成人間美景
一面投入
一面欣賞
怡然自得

耕耘之樂

汗水與心血結合
孕育美麗的花朵
結成甜蜜的果實
享受之餘
回味無窮

苦酒滿杯

人生這杯苦酒
加入智慧調味
再添心力潤色
開懷暢飲
苦後回甘

人生苦短

不是貪生
只因為
想做的事太多
該付出的
尚未付出

趨福避禍

幸與不幸
只有一線之隔
時隱時現
求之避之
取決心中一念

播種與收穫

漫長的人生路
偕詩伴行
且耕且走
撒下EQ的種子
讓後來者收穫

詩人自省

詩人的思潮
能淹沒世界
詩人的夢想
像一道彩虹
詩人的形象
是自己塑造

綠化心靈

熙來攘往的眾生
很多人心地荒蕪
堆滿垃圾滋生病媒
請快栽花種樹
綠化心靈
展現健美人生

詩情

我手寫我口
我手寫我心
胸中無罣礙
一身輕
我手寫我口
我手寫我心
與人多溝通
樂融融

搞怪風

搞怪風
從四面八方吹來
吹得天昏地暗
吹得流行病患者
不像人形

我靠緊克己復禮
擋風牆
安然無恙
而憐惜那些
失魂落魄的人

瘋狗浪

瘋狗浪
伺機吞噬
貪心的垂釣客
使之成為
追悔莫及的冤魂

看他們的親人
到海邊哀弔招魂
我陣陣心酸
這樣不幸的事
卻常常發生

民主潮

民主潮
帶來選舉熱
掀起口水戰
聲音大不一定有理
動聽未必存好心

先用智慧的X光
透視其心肝好壞
再投下
你神聖的一票
以免自傷害人

附錄

詩品出於人品

——讀汪洋萍《古體新詩十四行》

中南財經大學台港澳暨
海外文學研究所所長
香港中文大學教授 古遠清

詩的讀者爲什麼會越來越少？除了作品的晦澀難懂、使人閱不終篇外，還有一個重要原因，是作者不關心社會，不回答現實中的重要問題，和不關心讀者的所思與所想。這種作品缺「鈣」：思想性甚低，作品的審美功能與娛樂功能遠遠大於教育功能。當然，我們不能完全否定「爲藝術而藝術」的作品。像杜甫的「兩個黃鸝鳴翠柳，一行白鷺上青天」，雖無思想性，但讀之能給人美的享受，這仍是佳作。但這類景物詩，畢竟不如杜甫自己的另兩句詩「朱門酒肉臭，路有凍死骨」那樣膾炙人口。這說明既有思想性又有藝術性的詩，比單純追求藝術美的詩更能傳唱不衰。

以上說的屬老生常談，但卻是診治詩歌不能走向社會、只能在象牙之塔內傳閱的一帖良藥。這些任人皆知的道理所以在這裡重提，是我讀了台灣老詩人汪洋萍多首《古體新詩十四行》之後的有感而發。我認爲汪氏這些刊登在世界論壇報《世界詩葉》的詩作，就是我上面所肯定的既有思想性又有一定藝術性的好詩。雖然這些詩有思想性大於藝術性的不足，但畢

竟不是標語口號的堆砌。這些詩最吸引人的地方，不是豆腐乾格式的「建築美」，而是詩中所表現的思想智慧對讀者的啓蒙教育作用

認識汪洋萍先生是我第一次訪台的一九九五年。他以《秋水》詩刊的編委身份接待我。我多次與他交往，包括一起赴宴、一起逛台北的景點、一起到郵局幫我寄走台灣文友送我的幾箱書刊。還有到他家作客，印象最深的不是美酒佳肴，而是他慷慨送我一套《古丁全集》，並幫我郵寄至大陸。談及汪洋萍，台灣詩友無不稱讚他助人爲樂的作風。據說《秋水》詩刊的許多事務工作(如郵寄書刊)，差不多均由他包辦。涂靜怡主編如果少了他這個幫手，《秋水》詩刊的發行和推廣工作就要大打折扣。也許是因爲《秋水》詩刊離不開他，或他認爲自己有義務爲《秋水》盡力做貢獻，故《秋水》的同仁不管先後換了多少波，可汪洋萍的名字從未在編委的名單中消失。

這次汪洋萍先生把他的《古體新詩十四行》全部寄我，我讀了後很高興地寫下這些讀後感。從文體上看，他創作的是名符其實的古體新詩，與他在《秋水》詩刊上發的作品風格完全不同；從數量上看，也比某些同行產量高；從內容上看，涉及面相當廣；從政治到經濟，從軍事到外交，從文化到社會，從倫理到道德，從生死到苦樂，從人道到天道，從理想到妄想，從命運到生死，從苦樂到自省，從幻想到展望，幾乎無所不包。對比有些詩作者只寫個人的喜怒哀樂，甚至寫些不食人間煙火的詩，不難看到汪洋萍詩歌天地之寬廣。究其原因，在於作者不把詩單純當作消愁破悶或自娛自樂的工具，而同時讓它擔負「載道」和「言志」

的任務。不錯，這是一種傳統的詩學觀，完全沒有當今某些前衛詩人那樣新潮。但傳統不見得就是陳穀子爛芝麻。有些傳統還是要繼承發揚光大的。如果一切均從零開始，不要唐詩宋詞的傳統，摒棄五四新詩人所做的拓荒工作，那詩豈不會寫得越來越怪，越來越不可思議，難怪今天會出現「寫詩的比讀詩的多」這種不正常的情況。

在汪洋萍的古典新詩中，很難看到有矯揉造作的痕跡。他熟讀社會、熟諳人生，對重大題材作深入的開掘。從每一首詩看，題目甚大，大到可以寫一本書，但作者卻用高度概括的筆墨寫下自己對現實社會的評價。如《政治》一詩，在結尾處畫龍點睛寫道：

良策推行漸變質
官員民代跨黑金
歹徒橫行民驚恐
政治清明待何時

這裡寫的不是中國任何地區的政治，而是台灣特有的《黑金政治》，帶有鮮明的個性。末句表現了作者深沉的憂患意識。正因爲有這種憂患意識，此詩才有激動人心的力量。

這種期待政治清明、社會安定的願望，並不是偶然和個別的，而是滲透到其它詩作中。作者不僅寫政治詩是如此，即使以《道德》爲題的詩，也表現了這種善良的願望：

人類初生靠自身
荒野覓食不求人

經驗啓發須互助
聚族而居相依存
各盡所能共安樂
積習成俗道德生
社會文明於焉始
已所不欲勿施人
看見人飢予濟助
遇到人溺伸援手
關懷社會獻心力
愛護自然做義工
人間事事現溫情
大地處處皆樂土

其中「關懷」與「愛護」兩句，可說是作者人格的自我寫照。汪洋萍無論是在職期間還是退休以後，爲「社會獻心力」的精神不改，「做義工」的風格更令人肅然起敬。他的詩，說明了「詩品出於人品」的道理。

汪洋萍是一位老作家。他的生活經驗豐富，常將自己的人生體驗寫進詩中，使詩帶有警世的作用。如《苦樂》中所寫的：

苦樂互生是常理
尋歡作樂苦相隨
人生苦樂總無常
苦中作樂暢胸懷
欲壑難填成苦果
知足常樂好自在

堪稱人生格言。值得那些「尋歡作樂」、圖一時痛快者以及那些「欲壑難填」的貪官者戒。

在體式上，汪氏古體新詩每首十四行，與西方的十四行詩同行而內容不同、表現手段不同，這屬汪洋萍的獨特創造。有些詩句獨立出來則像對聯，如「資訊網路遍天下／各行各業喜運籌」之類，由此可見此詩的中國民族特色。不足之處是個別議論較一般，還可在思想的新穎上再下些功夫。

原載世界論壇報《世界詩葉》三三七期

後記

文學脫離不了人生，人生脫離不了群衆。我這三本小書，都是書寫人生百態，反映社會現象。爲了使讀者看得清楚明白，了然於心，知所惕勵，我的詩文幾乎都是白描（包括以前出版的詩文集），實話實說，眞情實寫，直抒胸臆，沒有戴上厚重的「意象」面罩，也不塗脂抹粉，忸妮作態以迷人，這是我的堅持。

我的堅持，是受了國父遺教的啓發。我十四歲那年，拜讀了《三民主義》、《孫文學說》、《實業計畫》這三本大書，而成爲國父孫中山先生的信徒，至今整整六十年。此其間，世局的變化，社會的轉型，人性的墮落，與國父的理想背道而馳，相去日遠。爲實現國父理想而奮鬥犧牲的賢能之士，不知凡幾，我何許人也，小小的堅持，只能表達我的一點眞誠。

我出版的八本書，有六本是「文史哲」出版的。像我這些不迎合新潮流的作品，只有像彭正雄先生這樣的出版家才肯出版。我在此向彭先生表達敬意與謝意。畫家黃錦星先生，爲我的三本小書提供精美的三幅封面畫，寓意深切，使本書倍增光彩，我謹在此向黃先生深致謝忱。